若狭街道と鞍馬

中村 治

大阪公立大学共同出版会

若狭街道と鞍馬

中村　治

はじめに

　今日、「若狭街道」と聞くと、国道367号線に沿った道、つまり京都の出町から八瀬、大原、途中越、大津市葛川、高島市朽木を経て、若狭の小浜へ通じる道のことを思い浮かべる人が多いであろう。たしかに、京都から国道367号線を通って若狭へ行くと、若狭がとても近く感じられる。しかし車道が整備されていなかった時代、そしてものの運搬を人力と畜力に頼っていた時代においても、若狭街道というと、現・国道367号線に沿った道のことを意味していたのであろうか。

　本書は、若狭から京都へ至る道のうち、大原を通る道と鞍馬を通る道を取り上げ、そこを通って運ばれたもののうちとりわけ重要であった薪と炭の量を比較し、明治時代には鞍馬経由で運ばれた量が大原経由で運ばれた量よりはるかに多かったことを示している。そしてその理由を、薪や炭を運んだ牛馬の数、道幅、道の安定性の観点からのみならず、文献に基づいても考察している。

　その考察の過程で浮かび上がってくるのは、鞍馬の中継貿易地としての性格である。鞍馬の人は炭や薪を京都へ運んで売り、そこで日用生活品を買ってその日のうちに帰ることができた。しかし鞍馬より北に位置する花脊、百井、大見、尾越の人は、鞍馬まで炭を運んで売り、そこで日用生活品を買って日帰りできたものの、京都までは日帰りで行けなかった。鞍馬は炭の生産地としてではなく、中継貿易地として重要であった。そして鞍馬を通って京都へ運ばれた炭が「鞍馬炭」と呼ばれたのである。規模は小さいものの、鞍馬のような中継貿易地としての役割を芹生との関係においてはたしていたのは、貴船であった。本書は貴船についても少しふれているが、それは中継貿易地の役割を浮かび上がらせるためである。

　鞍馬へ運ばれたのは、炭だけではなかった。尾越などから山椒の甘皮やフキなどが運ばれてきて、鞍馬で木の芽煮として加工された。また大見などからは渡り鳥が鞍馬経由で京都へ運ばれた。さらに、花脊や百井などからはチマキに使う笹の葉が鞍馬経由で京都へ運ばれた。本書は、それらについても少しふれている。

2

序

　今日、「若狭街道」と聞くと、国道367号線に沿った道のことを思い浮かべる人が多いであろう。しかし途中越から花折峠を経て安曇川沿いに朽木へ至る道は、大正９年（1920）に滋賀県の県道として整備されるまで、「未だ開修を経ず、車運通じ難し」（『愛宕郡村志』（明治44年（1911）））という状態であり、とりわけ冬には「積雪の際運送を停むるに至る事あり」という道であった[1]。それゆえその道を使って物の運搬が盛んに行われたとは言い難かったであろう。では大正９年（1920）まで、「若狭街道」というと、どこを通る道のことを意味したのであろうか。『京都府地誌』（明治14年（1881）頃）には、「若狭街道」として二つの道が挙げられている。

(1) 八瀬、大原、途中越を通る道。

(2) 千本通から紫竹、杉坂、丹波を経て若狭へ通じる道。

　このうち、(1)は現在の国道367号線に沿った道のようにも思われるが、滋賀県側においてどこを通ったのかわからない。『愛宕郡村志』（1911年）によると、その道は「京都より小濱に達する道路」と記されているものの、「敦賀街道」

---

[1] 「本村［大原村］は敦賀の本道に當り且久多村幷滋賀縣滋賀郡の西北部仰木、伊香立各村より京都との運輸は概ね本村に由れり。舊時は道路粗悪甚だ不便なりしが近年開修せられ大に便利となれり。且つ人力車の通行も自由なれども、北西の諸道は未だ開修を経ず、車運通じ難し、且冬季積雪の際運送を停むるに至る事あり」（『洛北誌』（旧京都府愛宕郡村志・1911年）、大学堂書店、1972年、pp.363-364）。これによると、『京都府愛宕郡村志』（1911年）が書かれた時点では、大原は、敦賀から京都へ通じる道にあたっており、その「敦賀街道」のうち、山城峠-京都間は人力車や荷車が通れる道になっていて（同書、p.80; p.339 p.344; p.362; p.374）、滋賀県滋賀郡の仰木、伊香立から京都への運輸はこの道を使っていたが、「北西の諸道」、つまり大原村から「久多村幷滋賀縣滋賀郡の西北部」への道は「未だ開修を経ず、車運通じ難し、且冬季積雪の際運送を停むるに至る事あり」という状態であった。それゆえ、大原の山城峠から花折峠、梅ノ木を経て朽木へ至る道、大原から久多へ至る道は、未整備で、荷車が通れる道ではなかった。したがって、敦賀から京都へ通じる主たる道は、朽木を通っていなかったのである。『朽木村志』には、「安曇川本流から分かれて支流沿いの谷筋に入ると、部落から部落に通ずる道路は、いずれも川沿いの崖っぷちを切り開いた粗末なものが多かったし、それに架け渡した橋の数もずい分とあった。明治の初期にはまだ大きな木を挽き割った木橋であったため、大水の出るたびに流失するので、その都度部落総出の橋架けや道普請が行われたものである。木の一本橋で、子どもや老人が激流にのまれて命を失うという悲劇も再々あったと伝えられている」（橋本鉄男編『朽木村志』、朽木村教育委員会、1974年、pp.166-167）と書かれているが、梅ノ木-山城峠間もそのような道であったと思われる。明治22年（1889）８月19日と９月11日の大雨によって安曇川・針畑川・北川流域では道路が164箇所破損し、橋梁が90箇所において流出したという（朽木村史編さん委員会編『朽木村史』（通史編）、高島市、2010年、pp.200-201）。

と呼ばれ、途中越からは滋賀県伊香立へ向かっていたようなので、湖西を小浜
または敦賀へ向かうことを想定していたのであろう。そうすると、小浜から魚
の鮮度を気にしながら京都へ急ぐ道としては、少し東に迂回しすぎているよう
に思われる。(2) は、京北や美山から京都へ行く道としては盛んに利用された
であろうが、小浜から魚の鮮度を気にしながら京都へ急ぐ道としては、少し西
に迂回しすぎているように思われる。

　他方、『愛宕郡村志』(1911年) では、「若狭街道」は鞍馬を通る道を意味し
ていたようである。ただし、鞍馬以北の若狭街道に関しては、「鞍馬寺門前よ
り花脊峠を踰えて花脊村に入る」と記されているだけであり、花脊村からは、
「旧若狭街道」、「元若狭街道」に関する記述はあるものの、「若狭街道」に関する
記述はない。ちなみに「旧若狭街道」に関する記述を見ると、「花脊峠より北上
し本村中央を貫通して丹波国北桑田郡に入る」と記されており、最終的には上記
(2) につながって行ったのであろう。では「旧若狭街道」ではない「若狭街道」は、
鞍馬から小浜へ行くのにどこを通っていたのか。わたしはそれは杉峠、尾越、久
多、小入谷を通っていたと考えている。小論においてはその考えを検討してい
きたい（地名に関しては、p.13の図表17「若狭街道関係地名図」を参照）。

Kamomisonobashi, Kyoto. (俗鳳山北) 橋薗御茂加上郡京

【写真1】　背に薪を載せた馬を牽く女性。上賀茂の御薗橋東詰。明治45年 (1912) 以前に撮影。

第1章　鞍馬街道と大原街道

　まず、京都から若狭へ通じる道のうち、京都−鞍馬間（以下、鞍馬街道と略）と京都−大原間（以下、大原街道と略）の利用状況について考えてみたい。鞍馬街道と大原街道を通って運ばれた物資のうち、最も重要なものは薪と炭であった。『愛宕郡村志』（1911年）に記されている洛北諸村における薪と炭[2]を、鞍馬街道沿いの村と大原街道沿いの村に分けて記すと、次のようになる。

【図表1】『愛宕郡村志』（1911年）に記されている静市野、鞍馬、花脊の薪と炭

	薪（棚）	炭（貫）
静市野	350	1440
鞍馬	1720	10000
花脊	1500	300000
鞍馬街道経由（計）	3570	311440

【図表2】『愛宕郡村志』（1911年）に記されている八瀬、大原の薪と炭

	薪（棚）	炭（貫）
八瀬	500	
大原	1600	50000
大原街道経由（計）	2100	50000

　これによると、鞍馬街道を通って運ばれたと思われる薪は、大原街道を通って運ばれたと思われる薪の1.7倍であり、鞍馬街道を通って運ばれたと思われる炭は、大原街道を通って運ばれたと思われる炭の約6.2倍である。しかも、大原地域に含まれる尾越、大見、百井の炭のかなりと、久多で生産された炭66065貫のかなりが鞍馬経由で運ばれたと思われるので、鞍馬街道を通って運ばれたと思われる炭は、大原街道を通って運ばれたと思われる炭の6.2倍どころか、10倍にはなったであろう[3]。

2　『洛北誌』（旧京都府愛宕郡村志）、p.343; p.373; p.409; p.426; p.449。
3　大原街道を通って運ばれた薪炭としては、伊香立、途中からのものもあるが、伊香立や途中は滋賀県に属するので、ここには含まれない。鞍馬街道を通って運ばれたと思われる薪炭としては芹生のものもあるが、それが鞍馬貴船の分に含まれていたかどうかはわからない。尾越の下坂恭昭（昭和3年（1928）生）氏は、炭はすべて鞍馬に売ったという（2020年談）。

　では『京都府地誌』（1881年頃）に記されている記録によれば、この関係は
どうであったのか。『京都府地誌』が記された時代には村の合併がまだ進んで
いなかったので、記録は小さな村ごとに記されているが、便宜上、『愛宕郡村志』
に記されている村単位で記すと、次のようになる。なお、『京都府地誌』では、
薪は「束」という単位で記され、炭は「俵」という単位で記されている。

【図表3】『京都府地誌』（1881年頃）に記されている静市野、鞍馬、花脊の薪と炭

	薪（束）	炭（俵）
静市野	40450	
鞍馬	325000	
花脊		5500
鞍馬街道経由（計）	365450	5500

【図表4】『京都府地誌』（1881年頃）に記されている八瀬、大原の薪と炭

	薪（束）	炭（俵）
八瀬	27000	
大原	80350	21000
大原街道経由（計）	107350	21000

　これによると、鞍馬街道を通って運ばれたと思われる薪は、大原街道を通っ
て運ばれたと思われる薪の3.4倍であり、鞍馬街道を通って運ばれたと思われ
る炭は、大原街道を通って運ばれたと思われる炭の約0.26倍である。これを
見ると、鞍馬街道を通って運ばれたと思われる炭が後の『愛宕郡村志』（1911
年）の時代と比べてずいぶん少ないように思われるが、『愛宕郡村志』の時代
に炭を300000貫生産した花脊村に含まれる旧村のうち、おそらく最も多く生産
していたであろう旧・別所村の数字が、『京都府地誌』（1881年頃）では「高欠
ク」と記され、含まれていないということを考慮しておかなければならない。
300000貫は75000俵であり、旧・別所村だけならそれより少ないであろうが、
それでもかなりの生産高であったと思われる。それに、大原街道を通って運ば
れたと思われる炭にすべて算入した大原尾越（2700俵）、大原大見（3600俵）、
大原百井（1200俵）のかなりと、久多で生産された炭のかなりが鞍馬経由で運
ばれたと思われるので、鞍馬街道を通って運ばれたと思われる炭は、大原街道

を通って運ばれたと思われる炭の数倍にはなったに違いない。

　それゆえ、『京都府地誌』（1881年頃）の時代においてであれ、『愛宕郡村志』（1911年）の時代においてであれ、薪の運搬に関しても炭の運搬に関しても、鞍馬街道の方が大原街道よりもよく利用されていたことはまちがいない。

　ではこの運搬量の差は何に由来するのか。一つ考えられるのは、運搬手段である牛馬の数である。『京都府地誌』（1881年頃）に記されている記録によれば、鞍馬街道沿いの村、大原街道沿いの村の牛馬の数は次のようになる。

【図表5】『京都府地誌』（1881年頃）に記されている静市野、鞍馬の牛と馬

	牛（頭）	馬（頭）
静市野	12	68
鞍馬	3	2
鞍馬街道沿い（計）	15	70

【図表6】『京都府地誌』（1881年頃）に記されている八瀬、大原の牛と馬

	牛（頭）	馬（頭）
八瀬	6	9
大原	102	7
大原街道沿い（計）	108	16

　他方、『愛宕郡村志』（1911年）に記されている記録によれば、鞍馬街道沿いの村、大原街道沿いの村の牛馬の数[4]は次のようになる。

【図表7】『愛宕郡村志』（1911年）に記されている静市野、鞍馬の牛と馬

	牛（頭）	馬（頭）
静市野	44	54
鞍馬	5	0
鞍馬街道沿い（計）	49	54

4　『洛北誌』（旧京都府愛宕郡村志）、p.344; pp.374-375; p.411; p.427; p.451。

【図表8】『愛宕郡村志』（1911年）に記されている八瀬、大原の牛と馬

	牛（頭）	馬（頭）
八瀬	5	2
大原	111	7
大原街道沿い（計）	116	9

　もう一つ考えられるのは、荷車、大七車の数である。『愛宕郡村志』（1911年）に記されている記録によれば、鞍馬街道沿いの村、大原街道沿いの村の荷車、大七車の数[5]は次のようになる。

【図表9】『愛宕郡村志』（1911年）に記されている静市野、鞍馬の荷車と大七車

	荷車（台）	大七車（台）
静市野	40	37
鞍馬	6	78
鞍馬街道沿い（計）	46	115

【図表10】『愛宕郡村志』（1911年）に記されている八瀬、大原の荷車と大七車

	荷車（台）	大七車（台）
八瀬	47	78
大原	111	136
大原街道沿い（計）	158	214

　これらを見ると、大原街道沿いの村の牛馬、荷車、大七車の数は、鞍馬街道沿いの村のそれらより多い。鞍馬村には田がほとんどなく、牛馬のえさを生産できなかったので、鞍馬村に牛馬が少なかったのは、当然といえば当然であろう。ではなぜ薪、炭の運搬に関して、鞍馬街道を通って運ばれた量が、大原街道を通って運ばれた量よりも多かったのか。他に考えられるのは、鞍馬街道沿いの岩倉村の牛馬、荷車、大七車の存在である[6]。岩倉村は農村であり、岩倉村

5　『洛北誌』（旧京都府愛宕郡村志）、p.344; p.374; pp.410-411; p.427; p.450。
6　「稼　但男ハ屎シ拵仕　耕作の相に鞍馬村より京都への薪駄賃付仕り候　女ハ秣苅薪仕候」（「岩倉村差出明細帳」（寛保3年（1743）6月・京都市歴史資料館蔵片岡家文書）。おそらく第二次世界大戦中のことと思われるが、岩倉村の人は自らの牛馬、荷車を用いて鞍馬街道で物の運搬にあたっていたという（小笠原ヨシエ氏談）。

の人は、耕作の合間に、自らの牛馬、荷車、大七車を用いて鞍馬街道で薪など
の運搬にあたったという。

【図表11】『京都府地誌』（1881年頃）に記されている岩倉の牛と馬

	牛（頭）	馬（頭）
岩倉	3	76

【図表12】『愛宕郡村志』（1911年）に記されている岩倉の牛と馬[7]

	牛（頭）	馬（頭）
岩倉	32	62

【図表13】『愛宕郡村志』（1911年）に記されている岩倉の荷車と大七車[7]

	荷車（台）	大七車（台）
岩倉	17	266

　しかしそれを考慮に入れても、鞍馬街道と大原街道の運搬量の差を説明する
のは難しい。ではほかに何が理由として考えられるのか。他にもう一つ考えら
れるのは、大原街道が急勾配であったことである。八瀬から上高野へ向かう時、
砥（かけ）の観音のそばを通る。現在の大原街道は砥の観音のずいぶん下を通っている
が、かつては砥の観音の横を通っていた。それゆえ、八瀬の方からやってきて
砥の観音の横を通りすぎると、たいへんな下りであったようで、そこを荷車や
大七車に柴などの重い荷物を載せて通ると、つらかったという[8]。もっとも、急
勾配であったことに関しては、鞍馬街道も同様である。岩倉盆地西端の幡枝か
ら深泥池へ向かう時、馬頭観音峠を通るが、それは今でもとても急勾配である。
　では他に何が考えられるのか。さらにもう一つ考えられるのは、大原街道が
狭かったことである。安永年間（1772年－1781年）の末、京に遊び、「見た京物語」
を著した二鐘亭半山は、「鞍馬は左にあらねども、大原は山道せばく、大原女
の馬を牽（ひ）き京へ商ひに出かかりたる所へ行きかかりなどすると、一騎立の道ゆ

7　『洛北誌』（旧京都府愛宕郡村志）、p.311。
8　岩田英彬『大原女』（近畿民俗叢書6）、現代創造社、1984年、p.107。

ゑこまる。是は九折の山道なればなり。馬首もつるるゆゑ暫くよどむ[9]」と書いている。大原からの山道は狭く、大原女が馬を牽いて京へ柴を商いに出てくるのに出会ったりすると、道が狭く、すれ違うのに困ったのであるが、鞍馬からの道はそれほどでもなかったというのである。『拾遺都名所図会』（1787年）の

に賣柴へ都の花束二は俯ちか束八に牛

【写真2】　背に薪を載せた牛を牽き、自らは薪を一束頭上にいただいている小原女（八瀬の女性）。大正7年（1918）4月1日－昭和8年（1933）2月14日。

【図表14：大原－八瀬間】（1889年頃の仮製地図に地名を入れて作成）

9　二鐘亭半山「見た京物語」（日本随筆大成編輯部編『日本随筆大成』第三期第四巻、日本随筆大成刊行会、1929年、p.581）。

山端（巻之二左青龍尾）の画像を見ると、薪を戴く人、担ぐ人、薪を背に載せた馬の姿は見られるが、荷車の姿は見られない。また『京都府地誌』（1881年頃）には荷車・大七車についての記録は少ない。そのころまでは荷車や大七車は普及していなかったのであろう。そして道の狭さが薪や炭の運搬の容易さに大きく影響したのではないか。

　では大原街道のどこが狭かったのか。一つ考えられるのは大原−八瀬間である。大原から八瀬へ行くのに、現在では花尻橋[10]、美濃瀬橋を通る。しかし明治22年（1889）頃に作成されたと思われる仮製地図にはそのような橋はなく、大原から八瀬へ向かう道は比叡山の山すそを通っていた。そのあたりの山すそはとても急斜面であり、道があっても、すれ違うのに困り、「九折」になっていた可能性が高い。

　金久昌業は「今でこそ大原に行くのは疑いもなく高野川の川筋の道ということになっているが、昔は川筋が通れなかったので上賀茂から山越えしていった。その後川筋に道が開かれるようになったが、それも一気に現在のように川添いに出来たのではない。はじめはかなり上部の高巻きの道であった。現在も比叡山側に三段くらいになって残っていると聞く。これは上段ほど古く、世が下るにつれて道もだんだん下部に移行していったことを物語る[11]」と述べている。高野川筋の大原街道は新しく、しかもその道は比叡山山腹のかなり高いところを通っていたというのである。

　八瀬−上高野間にも狭いところがあった。現在の道は八瀬から高野川右岸沿いに進んで上高野の崇道神社の前を通り、三宅橋で高野川を渡り、そこからは高野川左岸を山端、出町柳へ向かっており、狭いところはない。しかしそれは大正14年（1925）に開業した比叡山ケーブル線の建設資材を運ぶために道がつけられてからのことである[12]。崇道神社東側において山が高野川に迫っていたため、そこを通って三宅橋へ向かうことに困難を感じるほどであったという。

10「長十二間。木造。明治二十七年［1894］十一月改造」（『洛北誌』（旧京都府愛宕郡村志）、p.362）。『洛北誌』には美濃瀬橋に関する記述はない。
11 金久昌業『北山の峠』（上）、ナカニシヤ出版、1988年、pp.232-233。このことに関連して金久が大原への道として可能性をあげているのは、京都−上賀茂−市原−静原−大原という経路（同書、p.234）と、京都−きつね坂−岩倉花園−寒谷峠−大原という経路である（同書、pp.11-12）。
12 上高野地区の最東端に住む二股正和氏の母（大正8年（1919）生）は、上高野地区の崇道神社東側から八瀬地区へ向かうことの妨げとなっていた巨岩を発破で破壊する音を覚えているという。二股正和氏2019年談。

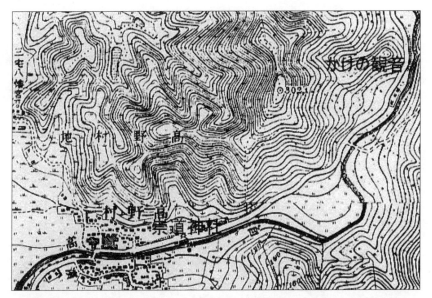

【図表15：八瀬－上高野間】（1889年頃の仮製地図に地名を入れて作成）

【写真3】　ケーブルを新設する時に拡幅された道が写真右端に見えている。高野川と道が
　　　　　接近してくる画面中央右上付近が難所であった。その左側、画面中央上付近に
　　　　　八瀬の飛び地がある。大正14年（1925）12月。

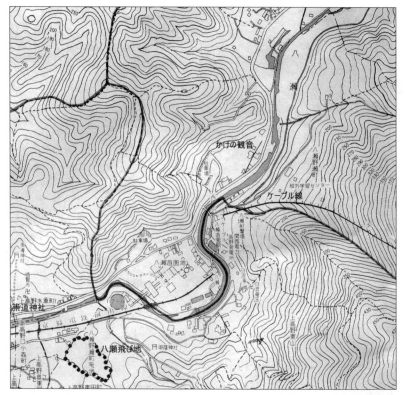

【図表16】上高野地区内における八瀬の飛び地（地図左下）。八瀬遊園のプールはその右上。
通行の妨げになっていた大きな岩があったのは、プールの左上。「左京区精図」
（1967年）に地名を書きこんで作成。

　そのため、大原・八瀬から出町へ向かう人が崇道神社の手前（後の八瀬遊園
のプール付近）で高野川を渡っていた時代があったようである。そこからは檜
峠を越えて修学院経由で、そして後には高野川左岸を通って山端経由で出町柳
へ向かっていたのであろう。高野川左岸の上高野地域内に八瀬の飛び地がある
が、それは八瀬の人がそこで一休みした名残であると考えられている。八瀬か
らそこまでたどりつくのが一仕事だったのであろう。
　鞍馬街道沿いの森林資源の方が大原街道沿いのそれより多かったというこ
とはあろうが、それを運び出す道路の上記のような問題もあり、鞍馬街道を使っ
て運び出された薪や炭の方が大原街道を使って運び出されたそれらより多く
なったのではないかと思われる。

第2章　久多と尾越

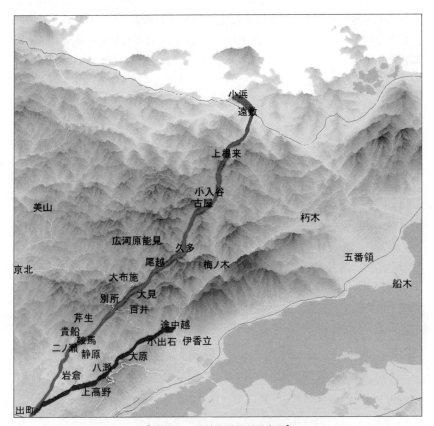

【図表17：若狭街道関係地名図】

　次に鞍馬、大原以北のことに目を向け、旧・愛宕郡最北の村、そして現・京都市左京区の最北地域である久多に注目したい。久多は朽木（滋賀県高島市）とともに安曇川水系に属し、安曇川流域一円の地主神で筏乗りに崇拝された志古淵神信仰[13]をもち、盆には川地蔵[14]を作り、製炭が主産業であったところである。久多の1人当たりの米の生産高（1.17石・1908年）は、朽木のそれ（1.24石ほど・1878年）[15]とあまり変わらず、江戸時代、久多の大半[16]と朽木は朽木氏に支配されていた。

　久多と朽木に共通点がこのように多くあるだけではない。久多（海抜350メートル前後）から西隣の京都市左京区広河原能見へ行こうと思えば、海抜653メートルの能見峠（久多峠）を越えなければならず、約9km離れた南隣の京都市左京区大原尾越へ行こうと思えば、海抜842メートルのオグロ坂峠を越えなければならない[17]。他方、久多から久多川・針畑川沿いに東へ約3.4km離れた大津市葛川梅ノ木へ出る道は、下りである。戦後、久多の人は炭4俵（1俵＝約15kg）をリヤカーに載せ、梅ノ木へ運んだという。また、京都市立久多小学校が1981年に休校となった後、久多の小学生たちは、梅ノ木から安曇川を少し上流へ遡ったところにある大津市立葛川小学校に通っている。さらに、久多の郵便物の集配を行っているのは、京都市左京区の郵便局ではなく、大津市堅田郵便局である。それゆえ、久多と安曇川流域（滋賀県）との結びつきは強い。

　ところがそれにもかかわらず久多は滋賀県に属さず、かつては京都府愛宕郡に属し、今は京都市左京区に属している。それはなぜか。わたしは、久多と朽木では、その主たる生産物である炭の運搬先が異なったからではないかと考えている。

　『京都府愛宕郡村志』（1911年）によると、久多から梅ノ木に達する道は、久多の人が米穀や日ごろの生活に必要なものを輸入し、薪炭を輸出するための道であったという。ただしその道は、『京都府愛宕郡村志』が出版された頃でも、旧来の険悪な山道であり、牛馬を通せなかったので、人が担ぐよりほかに

---

13 『朽木村史』（通史編）、pp.42-43。
14 久多では「川地蔵」、朽木の針畑川沿いでは「六体地蔵」・「川原仏」、大津市葛川坂下平では「川原仏」と呼んでいる。大津市葛川坂下平では、川岸近くに島をこしらえ、その島へ石橋を渡し、その島に「川原仏」を8月14日に作り、8月15日朝、しきみと生花とお供えを持ってそこへお参りに行き、16日未明にそこで精霊を送る。久多では15日に精霊を送る家もみられる。朽木の針畑川沿いの生杉、古屋、平良では、6体の仏から成る島の両端に生花を飾り、大津市葛川坂下平ではしきみと生花、久多では生花を6体の仏それぞれの前に飾る。なお、川岸と島との間の細い水路は三途の川を表しているという。久多 木の実会編『京都・久多——女性がつづる山里の暮らし』、ナカニシヤ出版、1993年、pp.112-113。『朽木村志』、pp.304-305。『朽木村史』（通史編）、p.154。
15 『洛北誌』（旧京都府愛宕郡村志、pp.467-469）によると、久多村の米の生産高は609石で、現住人口は521人であった（1908年調査）。「滋賀県物産誌」（1878年〜1880年調査）によると、朽木の米の生産高は5803.7石で、朽木村の1878年の現住人口は4283人であった（『朽木村史』（通史編）、pp.274-275）。
16 朽木領471石6升、三宝院55石、鞍馬・葛川5石6斗5升、寺領8石（全部で539石7斗1升）。「慶長13年（1608）3月5日付岡田浩佐家文書」、『京都市の地名』、平凡社、1979年、p.73。
17 朽木村史編さん委員会編『朽木村史』（資料編）、高島市、2010年、pp.140-142。

荷物を運ぶ方法はなかったともいう[18]。しかも梅ノ木－滋賀途中間の道路はま
だ整備されていなかった。それゆえ、久多の人は炭を梅ノ木まで運び出しても、
そこから途中越（山城峠）まで炭を運ぶことは容易ではなく、仮に途中越へ運
んだとしても、運搬費用が高くついて、炭は商品としての競争力を失ったであ
ろう。

　久多の人が梅ノ木まで運び出した炭は、筏に載せて運ばれることもあったよ
うである。明治22年（1889）頃からの木材需要急増期以後に盛んになった筏流
しの筏に載せられ、炭は、安曇川が琵琶湖に注ぎ込むところにある船木港へ運
ばれることもあったのである[19]。

　ただし、筏に載せて炭を運ぶと、炭が水をかぶり、炭の品質が落ちて、炭は
値をたたかれることがあったという。明治30年（1897）前後に朽木の市場から
野尻を経て、安曇川を渡り、長尾、五番領から西近江路（現在の国道161号線）
に達する県道朽木線が開通し、物資の運搬が容易になると、その経路が盛んに
使われたようである。『京都府愛宕郡村志』が出版された明治44年（1911）頃、
久多から梅ノ木に運ばれた炭は、主としてその経路を通り、湖西経由、あるい
は琵琶湖経由で京都へ運ばれたのであろう。しかしその運搬費用のことを考え
ると、炭焼人が炭を高い値で売ることができたとは思われない。

　このように見てくると、物資の運搬に荷車を使えず、物資の運搬を人力と畜
力に頼っていた時代には、久多の人が主要物産である炭を尾越まで運んでいた
としても、不思議ではなくなってくる。上述のように、『京都府愛宕郡村志』
が出版された明治44年（1911）頃でも、久多から梅ノ木に達する道は、旧来の
険悪な山道であり、牛馬を通せなかったので、担ぐよりほかに荷物を運ぶ方
法はなかった。他方、尾越へ行くには、海抜842メートルのオグロ坂峠を越え
なければならないが、炭を牛の背に載せて運ぶことができた。そして人口465
人の久多村に63頭の牝牛がいた（1878年）[20]。それに、尾越へ運べば、梅ノ木に

---

[18]「滋賀郡葛川村梅の木に達する道路は米穀及一切日需品の輸入物産薪炭輸出の途なり。然るに管
内［久多村］に属する所は改修なるも管外は舊来の険悪山逕にして擔荷の外牛馬を通ぜず」（『洛北
誌』（旧京都府愛宕郡村志）、p.463）。
[19]『朽木村志』、p.156。なお、琵琶湖疎水の開通は明治23年（1890）である。琵琶湖疎水は、開通
から十数年は大いに利用され、大津から京都へ米・砂利・薪炭・木材・煉瓦などが運ばれたのであっ
た（京都新聞社編『琵琶湖疏水の100年』叙述編、京都市水道局、1990年）。枕木に関しては『朽木
村史』（通史編）（p.187）参照。
[20]「久多村取調書」（片岡家文書S51-G8・京都市歴史資料館蔵）。『洛北誌』（（旧京都府愛宕郡村志）・
p.469）によると、人口521人の久多村に43頭の牝牛がいた（1908年）。

おいてよりも炭を少し高く買ってもらえた[21]。実際、『京都府地誌』（1881年頃）の久多中在地村の項には、炭の輸出先として尾越が記されている[22]。それゆえ、久多が京都府愛宕郡に属したのは、尾越[23]が梅ノ木よりも炭を少し高く買ってくれたことを利点として活かす状況が久多にはあったということが一つの理由ではないか。

　では尾越は、久多からそのようにして運ばれてきた炭をどこへ売ったのか。『京都府地誌』（1881年頃）の尾越村の項には「炭三百駄、右小出石村及び鞍馬村に販売す」と記されているので、尾越は炭を大原小出石あるいは鞍馬に売ったのである。また尾越村の南に大見村があったが、その大見村に関しても「炭四百駄同［愛宕］郡小出石村鞍馬村に輸送す」と記されているので、大見も炭を大原小出石あるいは鞍馬に売ったのである。尾越村も大見村も明治22年（1889）に大原村に属するようになったので、『京都府愛宕郡村志』（1911年）の大原村の項に出てくる数値をすべて大原街道経由のものとして算入したが、実際にはその炭のかなりが鞍馬街道経由で運ばれたのである。

　それはともかくも、久多－尾越間の道、さらには尾越－鞍馬間の道が、炭運びの道としてよく利用されていたということは明らかであろう。

21「京へ出るのも、久多から尾越、大見、杉峠を経て、鞍馬に歩いて行く。……尾越へは小黒谷から八丁平へ入り、尾越に出た。尾越には炭を扱う問屋があり、ここへ炭を持っていった。葛川へ出ないこともなかったが、炭の値は尾越の方がよいので、ちょっとでもよい方へ運んだ。尾越には炭を買う人が三、四軒あり、明治三十年ごろまで持っていった。これは女の仕事だった」（北谷善之丞氏談）（岩田英彬『京都北山民俗資料集』（京都府立歴彩館蔵）、2001年、p.75）。「尾越へは牛の背に炭を２俵載せ、人が２俵担いで行った。尾越のヤソベエは、梅ノ木の人より少しだけ高い値で炭を買ってくれたという」。上河原善氏2009年談。

22「京都府愛宕郡中在地村」、『京都府地誌』（1881年頃）。もっとも、「京都府愛宕郡中在地村」（久多の五ケ村の一つ）からは、梅ノ木がある滋賀郡にも炭は輸出されていた（「炭三千俵以上本郡尾越村及ヒ近江国滋賀郡各郡ニ輸出ス」）。「滋賀郡葛川村梅の木に達する道路は米穀及一切日需品の輸入物産薪炭輸出の途なり」（『洛北誌』（旧京都府愛宕郡村志）、p.463）と記されていることは、米穀及一切日需品は尾越からではなく、梅ノ木から来たということであり、久多の人は、米穀及一切日需品を入手するために、梅ノ木へ炭を運ぶ必要もあったと思われる。

23「尾越村取調書」（片岡家文書S51-G８・京都市歴史資料館蔵）によると、人口66人の尾越村に10頭の牝牛がいた（1878年）。

第3章　小浜から京都への道

　では、久多と若狭、とりわけ小浜との間はどうであったのか。そこは山がち
であり、人があまり住んでいなかった地域である。そこでも炭が生産されてい
たが、そこで生産された炭が久多、尾越、鞍馬を通って京都へ運ばれることは
なかった。しかし小浜で水揚げされた鯖などの魚が、天びん棒を使って担がれ
るなどして、運ばれていた。魚は久多や尾越などでも売られていたが、主たる
消費地は京都である。鮮度が落ちないうちに魚を京都へ運ぶために、京都への
最短距離の道が使われたのである。

　われわれは、道というと、できるだけ低いところを通っていたと考えがちで
ある。しかし徒歩で移動していた時代においては、必ずしもそうではなかった。
あまり重いものを運ばない場合は、人は、高低差が少々大きくても、最短距離
を歩くことが多かった。いくら低いところを通る方が楽であるといっても、低
いところを通ると、川を渡ることが多くなる。川を渡る時には飛び石づたいに
渡るか、簡単な橋をかけて渡るかであるが、橋をかける場合でも、その橋は、
木を切って渡しただけの簡単な橋であることが多かった。しかし大雨が降ると、
橋が流れ、道も崩れることが多い。他方、尾根道は、少々雨が降っても、崩れ
ることはなく、草も木も生えにくい。古い道は、低いところよりは、少々の自
然災害があっても安定している尾根を通っていたのである[24]。

　では、小浜から京都へ魚を運んだ道はどこを通っていたのか。それは小浜－
遠敷－上根来－根来坂（針畑越）－小入谷－中牧－古屋－久多という経路であっ
たと思われる。そして久多からは、炭を運ぶ人たちが日常的に使っていた道を
通って京都へ向かったのである。そしてこの小浜－根来坂（針畑越）－久多－
オグロ坂－八丁平－フジ谷峠－尾越－大見－杉峠－鞍馬という経路は、敦賀か

24「若狭から、京い［へ］抜ける道は、大昔から、山の峯を通る尾道があった。山の尾は、草も生
えにくい、木も生えん、ほんで、峯を、つとうて行ったもんやろ。……一番古い、鯖の道やちゅうて、
たしかに、若狭から京い［へ］運んだんやな、……この道は、根来は小入谷……に出られて、京は
鞍馬やら、大原に降りる一番の近道や。1200年も前の、京い［へ］、夜さり魚を運んだ、ちゅうこっ
ちゃ、十里ほどやさけ、魚の新し、うちに京い［へ］着いたやろ。……この道や、古い道や、昔や、
少々えろ ても最短きょりを通った、けんど、今は、遠うても平なとこを行くようになった、この針
畑の道は、朽木荘より古い道や、山から開けてきたんやろ」（「一番古い鯖の道」『朽木村史』（資料
編）、p.150）。

ら退軍するときに徳川家康が通った道であった[25]。徳川家康軍が通ったほどであるから、それは馬も通れるほどのしっかりした道であったことは確かである。

　この道を通って魚だけが運ばれたのではない。たとえば久多の徳恩寺は正徳年中（1711年–1716年）に小浜の空仰寺の善観禅師が創建した[26]。また、尾越の人は浄土真宗の寺の檀家となり、大見の人は浄土真宗の寺と禅宗の寺の檀家となっているが、浄土真宗の僧は明治時代中頃まで若狭の浄泉寺から来ていたという。さらに、久多でも尾越でも、大工や左官や屋根葺き職人は若狭から来ていたという[27]。さらにまた、戦前の鞍馬寺では、二人の若狭出身者が働いていたという。若狭からこの道を通って魚だけが運ばれたのではなく、人の行き来もあったのである。そしてそのように古くから人やものが通っていたからこそ、久多に関所があったのであろう[28]。

---

25 「三河記云、元亀元年［1570］三月、敦賀退軍の時、小濱向島の蓮興寺住僧徳元申けるは、朽木信濃守元綱事、朝倉六角に一味し、朽木谷をふさぎ、多羅尾四郎太夫日詰浄泉寺等一揆をかり催し、今津筋を切取りたりと風説あれば、愚僧脇道を御案内申べしとなり、神君大に御悦び有て、此僧に道しるべさせて、根来谷に分入、針畑を越、鞍馬山を過て、京都へ帰らせ給ふ」（吉田東伍『大日本地名辞書』、冨山房、1900年、p.1854）。

26 『洛北誌』（旧京都府愛宕郡村志）、p.471。

27 岩田英彬「若狭からの裏街道」、『あしなか』第132輯、山村民俗の会、1972年、pp.2-3。下坂恭昭氏2020年談。「大見の人は鯖街道を通って久多から来ている」（「北部周辺地域整備事業大見地区基本計画参考資料」、京都市建設局、2005年7月、p.21）。

28 「当所［久多荘］関所奉行の事、先々の如く公文源三郎に申し付くべく候」（長禄年間（1457年–1460年）のものと推定される）（『左京区』（『史料京都の歴史』第8巻）、平凡社、1985年、p.574）。「請け取る、関公用銭の事。合わせ参貫六文といえり。右　天文五年［1536］拾二月廿一日　久多荘　公文殿」（『左京区』、p.578）。

終わりに

　「道は時代によって変遷しているので、なかなか一本には促（ママ）え難い。古い時代の道を促えるには、一般的には文献や伝承に頼るというのが常識になっているらしいが、これには限度があり、文献がない限りお手上げである。私はこのような方法論に飽き足らず、実際に山を歩いて感覚で古道をさぐってきた」という金久昌業によると、「京都を発して北に向かう昔の街道は大体六本くらいある。京都を発するときは四本くらいだが、奥に行ってから分岐して六本くらいになる。その六本というのは、東から云えば、敦賀街道、鞍馬街道、雲ケ畑街道、小浜街道、高浜街道、舞鶴街道である。……京都を発する北山の昔の街道はすべて若狭に向かう若狭街道」である。そのうち、金久が最も多くのページをさいて語っているのが鞍馬街道であり、その道順は、鞍馬口（出雲路橋畔）－下鴨中通－府立大学前－深泥池－幡枝－二軒茶屋－市原－鞍馬－杉峠－大見－尾越－フジ谷峠－八丁平－オグロ坂－久多－古屋－中牧－小入谷－根来坂（針畑越）－上根来－遠敷－小浜であった。多くのページをさいているからといって重要であるとはいえないが、金久が、高野川筋の大原街道は新しく、しかもその道は比叡山山腹のかなり高いところを通っていたと述べている（注11参照）こと、二鐘亭半山が、安永年間（1772年－1781年）の末に「鞍馬は左にあらねども、大原は山道せばく、大原女の馬を牽き京へ商ひに出かかりたる所へ行きかかりなどすると、一騎立の道ゆゑこまる。是は九折（つづらをり）の山道なればなり。馬首もつるるゆゑ暫くよどむ」と書いていること、明治時代には京都へ鞍馬街道経由で運ばれた薪、炭の量が、大原街道経由で運ばれた薪、炭よりはるかに多かったこと、八瀬の硴（かけ）の観音付近における急勾配のゆえに八瀬・大原の人が荷車や大七車に薪や炭を載せてそこを通るのがつらかったこと、上高野へ出る前に高野川を渡らなければならなかった時代もあったことなどを考えると、八瀬の硴の観音付近における急勾配がかなり改善された大正7年(1918)、そして途中越から花折（はなおれ）峠を経て安曇川沿いに朽木へ至る道が県道として整備された大正9年（1920）、さらに、比叡山のケーブル線工事のためにケーブル駅まで高野川右岸の道が拡幅された大正14年（1925）まで、若狭街道として記されている上記6本のうち、もっともよく使われたのは、鞍馬経由の若狭街道であったといってよいと思われる。しかしそのころ以降、道路が整備され、荷車

やトラックが通りやすい大原経由の街道が若狭街道として主に使われていくようになった。また、そのころをまたずとも、明治22年（1889）における東海道線全通、明治29年（1896）における米原−福井間開通、明治32年（1899）における京都−園部間開通、明治43年（1910）における京都−新舞鶴（後の東舞鶴）間全通、大正7年（1918）における敦賀−小浜間開通、大正11年（1922）における新舞鶴−小浜間開通[29]などにより、物流は大いに変わり、魚、薪、炭を運ぶ道としての若狭街道の重要性は低下していったのである。

【写真4】　薪を京都へ売りに行き、大八車をひいて帰ってくる大原の人。八瀬−大原間の美濃瀬橋近く。昭和28年（1953）頃。

　われわれの現代生活は電気と自動車なしにはあり得ない。ところがここで取り上げてきた地域で配電工事が行われたのは、たとえば岩倉、松ケ崎では大正3年（1914）[30]、鞍馬では大正7年（1918）3月以前、大原と雲ケ畑では大正9年（1920）[31]、静原では大正10年（1921）頃[32]、花脊では昭和13年（1938）12月

29 大久保邦彦・三宅俊彦編『鉄道運輸年表』、日本交通公社出版事業局、1987年。
30 松尾慶治『岩倉長谷町千年の足跡』、機関紙共同出版、1988年、p.32。松ヶ崎を記録する会編『松ヶ崎』、2000年、p.28。
31 上田寿一『文化・大原』第106号、大原古文書研究会、2013年、p.33。「雲ケ畑の歴史」、1973年12月。

15日[33]、久多では昭和16年（1941）[34]、百井では昭和22年（1947）、尾越では昭和27年（1952）[35]であった。ちなみに、京都市中京区間之町通の上村松園宅に電燈がついたのは、大正3年（1914）のことであった[36]。それゆえ、ここで取り上げてきた地域で電気を使えるようになったのは、ずいぶん遅かったのである。また、自動車に関していえば、尾越－久多間、久多－古屋間を直接的に結ぶ道はいまだに車道ではない。したがって、ここで取り上げた地域は開発からずいぶん取り残された地域であり、そんなところを街道が通っていたとは思われないかもしれない。しかし京都－若狭間のものの運搬を主に人力と畜力に頼っていた時代には、人とものの移動は、われわれが想像するのとはずいぶん異なっていたのである。

【写真5】　鞍馬寺仁王門前。『鞍馬校百年誌』（p.101）によると、鞍馬に電灯がついたのは大正9年であるが、明治40年（1907）4月～大正7年（1918）3月に使われた形式にしたがって作成された鞍馬寺仁王門前のこの絵葉書に電柱が写っているので、鞍馬に電灯がついたのは、大正7年（1918）3月以前のことであると思われる。

---

32 山脇睦治（明治35年（1902）生）氏談。
33 京都府立総合資料館編『京都府百年の年表』7、「建設・交通・通信編」、1970年、p.216。
34 上河原善氏談。
35 下坂恭昭氏談。
36 上村松篁「松園追想」、『上村松園』（アサヒグラフ別冊）、1984年、p.88。

22

| 補 論 | 鞍馬と炭運び |

鞍馬は生産地としてではなく、商品の中継地として重要であった。鞍馬より北に位置する花脊、百井、大見、尾越の人にすれば、鞍馬までは徒歩で日帰りできたが、京都となると、日帰りするのは難しかったので、主たる生産物である炭を鞍馬まで運んで売り、鞍馬で生活必需品を買って帰ったのである。鞍馬が「船のない港[37]」と呼ばれたのはそのためであろう。トラックを使えるようになった昭和時代初期以降でも、冬季には積雪のために峠でトラックを使えなくなることが多く、また、戦争時はガソリンが配給統制を受けるようになったためにトラックを使えず、炭の運搬を畜力、人力に頼らざるを得なかったので、鞍馬は中継貿易地としてのその地位を保つことができたと思われる。

ガスや電気を使えるようになっている現代のわれわれにすれば、炭が必需品であったことを想像するのが難しいかもしれない。鞍馬に住んでいた祖父・林忠三郎は、昭和41年（1966）末にわたしの母・久枝を含め、娘たちのところをまわり、炭1俵をくれたのであるが、昭和30年（1955）生まれで炭をほとんど使ったことがなかったわたしには、祖父がなぜ炭をくれたのか、理解できなくなっていた。しかし昭和20年代まで、炭は暖房のためにも煮炊きのためにも必需品であった。

その炭が、戦争のため、昭和14年（1939）12月から配給統制を受けるようになった。そして戦争が厳しくなると、品薄のために炭の値段が高くなっていった。また、戦争による食糧難のため、田畑がほとんどない鞍馬では、食糧を確保するのが難しくなっていった。昭和17年（1942）頃になると、鞍馬では、約8km離れた百井や別所へ、雨の日を除き、一年中、毎日のように峠を歩いて越え、炭2俵（1俵＝約15kg）を買って、背負って帰る女性が出てきたという。そんな女性の姿を写した写真6が知人の家から出てきたので、わたしは伯母・津田敏子にその写しを見せ、「炭を運んでいる人の姿を見たことある？」と尋ねた。すると伯母は「わたしも運んでいた」という。夜中の3時頃に家を出て一人で百井へ行き、炭2俵を買って朝7時頃に帰宅。炭1俵を持って8時過ぎ

37 西川幸治編『歴史の町なみ―京都篇―』、日本放送出版協会、1979年、pp.103-104。わたしの祖母・林勢以は「船のつかない港」と言っていたようであるが、その意味するところは同じであろう（島田真杉「鞍馬と木の芽と國藏叔父さん」、1999年）。

の電車に乗って出町柳へ行き、出町柳から三条京阪まで歩き、三条京阪からは
また電車に乗って淀、大久保、寺田、宇治、橋本などへ行き、それを米２升や
麦などと交換してもらった。祖母・林勢以は残りの１俵を京都で換金。翌日、
伯母はそのお金を持って百井へ行き、また炭２俵を買って帰るという日々が戦
後しばらく続いたという。鞍馬には耕地がほとんどなく、戦争による食糧難の
影響を強く受けたため、このようにして食糧を確保する必要があったのである。
滋賀県の仰木から峠を越え、大原、静原を通って鞍馬まで米を運ぶ人もいたと
いう。鞍馬の人は、花脊や百井や大見や尾越の人が運んできてくれる炭を京都
へ運ぶだけでも利があったであろうが、それでは利が薄く、生活できないので、
自ら産地へ行き、炭を買ってきていたのであろう。ちなみに、わたしの母にも
尋ねたら、母も炭運びをしたが、１俵しか運べず、行った回数もわずかであっ
たという。伯母やその姉妹たちが、嫁入り前にそのようにして家の生活を支え
てくれていたとは、思いもよらないことであった。

　そのようにして鞍馬の生活を支えてくれていた炭であるが、昭和20年代末に
はプロパンガスが普及し始めて次第に売れなくなり、食糧難も解消され、もの
は車で運搬されるようになり、今ではかつて炭を保管していた家の造り、炭を
運んだ牛馬たちを繋いでいた鉄環に、炭と炭運びの痕跡を残すのみとなった。

【写真6】炭運び。花脊峠。昭和26年（1951）頃。

貴船と芹生

【写真7】芹生。昭和36年（1961）頃。

　規模は小さいものの、鞍馬と同様、中継貿易地となっていたのが貴船であ
る。貴船から北北西に6kmほど離れた芹生の炭が貴船に運び込まれていた。昭
和10年（1935）頃、芹生の戸数は10。そのうち、小学校の分教場に勤めていた
教員一家を除いた9戸が製炭業に従事していた。もっとも、自己所有林で製炭
する人はほとんどなく、貴船の問屋が山林の持ち主から薪炭材料を買い、その
薪炭材料を使って芹生の人は製炭していた。芹生の人はできた炭を貴船まで運
び、1俵あたり70銭もらった。しかし山代（製炭材料代）として1俵あたり20
銭、俵代として1俵あたり7銭を引かれたので、手取りは1俵あたり43銭。芹
生の木炭生産は年間3500俵であったので、それによる収入は1505円であったこ
とになる。芹生の人の副業はアマゴ釣り。アマゴを1尾平均10銭ぐらいで貴船
の旅館や料亭に買ってもらい、それによる収入が約300円。それゆえこれらを
合わせた約1800円が芹生9軒の総収入ということになるので、1軒あたり年収
約200円であったことになる（昭和8年（1933）の小学校教員の初任給は月給

45円〜55円[38])。芹生には耕地がなかったので、芹生の人は炭やアマゴを売った代金で米や野菜など生活必需品すべてを貴船で買い、生活していた[39]。しかも昭和10年の春から村人の主たる収入源である炭の値段が下がり、村人の暮らしは厳しくなっていた。おそらく運搬にトラックが導入され始め、遠隔地から炭が安価に運ばれるようになっていたことも影響していたのであろう。

　そのような昭和10年（1935）6月29日、大水害がおこり、芹生−貴船間の道路だけでなく、貴船−京都間の道路もすっかり破壊され、貴船の問屋も罹災した。そのため、芹生は炭とアマゴの販路を断たれ、収入が無くなっただけでなく、食料品を購入できなくなり、52人の村民が飢餓にさらされたのであった。

【写真8】昭和10年（1935）6月29日水害による被害。貴船のひろや付近。

38 『値段史年表（明治・大正・昭和─週刊朝日編）』、朝日新聞社、1988年、p.93。
39 橋谷民吉「今次水禍に因って極度に窮迫せる芹生の里」、『社会時報』第5巻第8号、1935年、pp.33-34。

【写真9】 昭和10年（1935）6月29日水害による被害。貴船。

【写真10】 昭和10年（1935）6月29日水害で宙づりになった鞍馬電鉄の線路。貴船口。

【写真11】 昭和10年（1935）6月29日水害による貴船口付近の被害。

【写真12】 昭和10年（1935）6月29日水害による貴船口付近の水車の被害。上の端に見え
ているのは鞍馬街道。

尾越・大見・百井

　大見まで車道ができた昭和10年頃まで、尾越の人は炭を馬の背に6俵載せ、自分は2俵背負い、鞍馬まで売りに行った[40]。おそらく昭和10年代末のことと思われるが、百井の人は炭1俵を1円20銭で鞍馬の人に売っていた。その炭を鞍馬の人は京都で2円40銭で売っていた[41]。ちなみにその当時、男性の手間賃は1日1円で、米1升は30銭であった。炭俵は女性がワラで作っていた。1日60銭〜80銭ぐらいの収入になったという。尾越の人は岩倉の人に炭俵を作ってもらったことがあるという。百井の人が尾越へ炭を買いに行ったことがあるが、それは鞍馬の人が百井まで炭を買いに来ていた昭和10年代末から昭和20年代初めのことである。百井へ炭を買いに行く人が増え、百井生産分だけでは足らなくなったのである。その頃には炭の運び屋をするだけで生活できたのであった。

　戦後、ガソリンの統制が撤廃され、トラックがさかんに製造されるようになっ

【写真13】炭焼き窯内部。平成4年（1992）頃。百井。

---

[40] かつて下坂宅には朽木の殿様が泊まったことがあるという（下坂恭昭氏2008年談）。また、尾越の種田一男氏（明治28年（1895）生）によると、朽木の殿様は、京へ行く時、種田家で休むのが習わしであったという（岩田英彬「若狭からの裏街道」、p.3）。
[41] 久保恭一氏2012年談。

【写真14】 製紙会社へ木材を運ぶところ。昭和35年（1960）頃。百井。

た昭和30年頃、百井のある人はトヨタのトラックを買った。それだとずいぶん
たくさんの炭を運べた。しかも出町や百万遍の薪炭商に炭を直接運べた。そし
て百井で売り買いする時の２割増ぐらいの値段で売っても、もうけが出るよう
になった。そうなると、身体を使って炭を運ぶ運び屋は、炭を運んでいるだけ
では生活できなくなったのであった。もっとも、トラックで炭を運び始めた人
も、プロパンガスが普及し、炭の需要がなくなると、炭を運んでも売れなくな
り、木材を主に運搬するようになったのであった。

　尾越の人は炭以外に、山椒の甘皮、フキ、アマゴなど、尾越の人が「あんご
もん」（安居物？）と呼ぶものも売っていた。それらはいつでもあるものでは
ないが、あると、いい小遣いになった。山椒の甘皮、フキは鞍馬で木の芽煮を
作るのに使われた。その他では鳥。大見あたりは渡り鳥が多く通過するところ
のようで、上賀茂から鳥とりの人がやってきて、大見の山の所有者から権利を
買い、鳥をとっていた。鳥をとる場所の木を低く刈りこみ、そこにカスミ網を
かけ、おとりの鳥を啼かせると、それにつられて鳥がやってきて、網にかかる。
10月15日が解禁日。鳥とりの人は、寒くなるまでの短い猟期、小屋をこしらえ

【写真15】山椒の葉のゴミとり。昭和49年　【写真16】フキの入荷。昭和45年（1970）。
　　　　　（1974）。鞍馬。　　　　　　　　　　　　鞍馬。

【写真17】チマキザサを束ねているところ。平成4年（1992）頃。百井。

て生活し、鳥、特にツグミとカッチン（シロハラ）をとっていた。主にとれる
のは朝。とれた鳥を袋につめて大見の集落まで運んでやると、鳥とりの人から
お礼をもらえた。百井の人も鳥運びを手伝っていた。地元の人が自分で鳥をとっ
てもよさそうなものであるが、良いおとりを飼っておくのはめんどうなので、
自分ではとらなかった。とれた鳥を集めてまわる人が自転車で上賀茂から来て
いた。

　百井の人はチマキザサの葉を採って、売ってもいた。8月末から9月いっぱ
いにかけてチマキザサの葉を採り、干して、深泥池の人に売った。深泥池の人
はそれを用いて祇園祭用のチマキを作ったのである。チマキの中身はワラで
あった。しかし百井の人がチマキザサの葉を採り始めたのは比較的最近からで
ある[42]。そのチマキザサの葉採りも、今ではチマキザサが枯れ、できなくなった。

【写真18】笹葉運び。鞍馬街道。二軒茶屋付近か。昭和時代初期か。

---

[42] チマキザサは、「コノ在所［市原］ノササノ葉は洛中ニヒサギ粽ニ用之」（『京師巡覧集』巻14（1697
年刊））と記されているので、その頃には市原で採取されていたようであるが、いつの頃からかもっ
と奥の花脊で採取されるようになり、1990年代からは百井でも採取されるようになった。チマキの
中に入れるワラは、岩倉の田などでとれるワラである。

【写真19】百井の人にトラックで運んでもらうために積み上げた炭俵（ワラ製）の前で。画面左端の石は、朽木の殿様が乗馬の時に使った馬乗り石を立てたもの。昭和30年（1955）頃。尾越。

写真所蔵者

1．中村治、2．中村治、3．高橋泰子、4．伊藤恵子、5．中村治、6．伊藤恵子、7．（公財）世界人権問題研究センター（符川寛撮影写真）、8．林野庁京都大阪森林管理事務所、9．林野庁京都大阪森林管理事務所、10．林野庁京都大阪森林管理事務所、11．林野庁京都大阪森林管理事務所、12．林野庁京都大阪森林管理事務所、13．久保恭一、14．久保恭一、15．林忠義、16．林忠義、17．久保恭一、18．徳岡敏子、19．下坂恭昭

［題字］豊嶋廣子

［表紙写真解説］
右側へ下っていく道がかつての若狭街道。裏表紙画面中央は愛宕燈篭。二ノ瀬。昭和36年（1961）頃。（公財）世界人権問題研究センター（符川寛撮影写真）

あとがき

　昭和3年（1928）5月生のわたしの母・久枝は鞍馬の出身であり、母の実家の林国蔵家にはいとこが3人いた。また、母の姉妹のところにはいとこが9人おり、彼らが正月・盆以外にもしばしば鞍馬へ遊びに行っていた。そのため、鞍馬へ行くと、だれかいとこがいるという状態であり、わたしも、よく鞍馬へ遊びに行ったものであった。

　母の実家の林家は、今では木の芽煮の製造販売だけをしているが、わたしが幼い頃は、木の芽煮の製造販売だけでなく、駄菓子屋、雑貨屋もしていた。明治32年（1899）6月生の祖母・勢以によると、かつては鞍馬より奥の地域の人が炭や山椒の甘皮やフキを鞍馬まで運んできて売り、鞍馬で生活必需品を買って帰ったという。そのため、鞍馬は大いににぎわい、戸数も今よりはるかに多かったというが、そんな話を聞いても、わたしはすぐには信じられなかった。

　しかしそんな話を聞いていたせいか、わたしには鞍馬やその奥の地域のことをもっと知りたいと思う気持ちが生まれたようで、高校生・大学生のころから、鞍馬近辺やその奥の地域を歩き回るようになった。その結果、京都市最北端の久多は、葛川梅ノ木など滋賀県側との結びつきがとても強いにもかかわらず、なぜかつては京都府愛宕郡に、そして今は京都市左京区に属しているのかという疑問を持つようになったのである。その疑問の解明に努めているうちに、若狭と京都を結ぶ道のうちで最も多く使われたのは小浜−久多−鞍馬−京都という経路であったという考えを持つようになった。それがこの小論を書く準備になっていたように思う。

　このたび、「鞍馬　明日に向かって」の豊嶋亜紀さんから、鞍馬に関する本をつくって欲しいと頼まれた。わたしでは力不足と思ったものの、せっかくなので、わたしにとっての大きな問題、つまり若狭街道のうち、最も多く用いられた経路はどれであったのかという問題についての、現段階でのわたしの考えをまとめてみる気になり、引き受けさせていただくことにした。これまでさまざまな機会に多くの人から見せていただいた写真を小論に使わせていただき、わたしの文章力不足を補わせていただくことにしたのであるが、写真の使用を許可してくださった方、また、これまで話を聞かせてくださった多くの方にお礼申し上げたい。

【著者紹介】

中村　治 （なかむら　おさむ）

1955年　京都市左京区に生まれる
1977年　京都大学文学部卒業
1983年　京都大学大学院文学研究科博士後期課程単位取得退学
2007年　京都大学人間・環境学論文博士
1986年から大阪府立大学に勤務し、2020年4月から大阪府立大学名誉教授
専門　環境思想

『京都洛北の原風景』（世界思想社・2000年）、「写真で見る人と自然環境・地域共同体とのかかわりの変化」（『京都府レッドデータブック』下・京都府・2002年/2015年）、『あのころ京都の暮らし』（世界思想社・2004年）、『洛北岩倉』（コトコト・2007年）、『洛北八瀬』（コトコト・2008年）、『京都洛北の近代』（大阪公立大学共同出版会・2012年）、『洛北岩倉と精神医療』（世界思想社・2013年）、『洛北一乗寺』（大阪公立大学共同出版会・2014年）、『洛北静原』（大阪公立大学共同出版会・2014年）、『洛北修学院』（大阪公立大学共同出版会・2015年）、「雑煮と納豆餅」（京都学研究会編『京都を学ぶ（洛北編）』・ナカニシヤ出版・2016年）、『洛北上高野・山端』（大阪公立大学共同出版会・2018年）、『あのころの鞍馬 貴船 二ノ瀬』（鞍馬 明日に向かって・2020年）等を執筆して、現代社会がかかえる諸問題を、地域に根ざしつつ、広い視野から考えていこうとしている。

OMUP

ＯＭＵＰの由来

大阪公立大学共同出版会（略称OMUP）は新たな千年紀のスタートとともに大阪南部に位置する５公立大学、すなわち大阪市立大学、大阪府立大学、大阪女子大学、大阪府立看護大学ならびに大阪府立看護大学医療技術短期大学部を構成する教授を中心に設立された学術出版会である。なお府立関係の大学は2005年４月に統合され、本出版会も大阪市立、大阪府立両大学から構成されることになった。また、2006年からは特定非営利活動法人（NPO）として活動している。

Osaka Municipal Universities Press (OMUP) was established in new millennium as an association for academic publications by professors of five municipal universities, namely Osaka City University, Osaka Prefecture University, Osaka Women's University, Osaka Prefectural College of Nursing and Osaka Prefectural College of Health Sciences that all located in southern part of Osaka. Above prefectural Universities united into OPU on April in 2005. Therefore OMUP is consisted of two Universities, OCU and OPU. OMUP has been renovated to be a non-profit organization in Japan since 2006.

若狭街道と鞍馬

2020年３月31日　発行

著　者	中村　治
編集・制作協力	鞍馬　明日に向かって
発行者	八木　孝司
発行所	大阪公立大学共同出版会（OMUP）
	〒599-8531　大阪府堺市中区学園町１-１
	大阪府立大学内
	ＴＥＬ　072（251）6533
	ＦＡＸ　072（254）9539
印刷所	和泉出版印刷株式会社

©2020 by Osamu Nakamura, Printed in Japan
ISBN978-4-909933-16-4